LA RÉPUBLIQUE

dans

L'ARRONDISSEMENT DE COGNAC

PAR

A. CHEVALIER

Gérant du Journal LA CONSTITUTION

Prix: **50 CENTIMES**

SE TROUVE

CHEZ TOUS LES LIBRAIRES DE L'ARRONDISSEMENT

ET AU BUREAU DE *LA CONSTITUTION*

Rue des Balais, à COGNAC

LA RÉPUBLIQUE

dans

L'ARRONDISSEMENT DE COGNAC

PAR

A. CHEVALIER

Gérant du Journal **LA CONSTITUTION**

Prix: 50 CENTIMES

SE TROUVE

CHEZ TOUS LES LIBRAIRES DE L'ARRONDISSEMENT

ET AU BUREAU DE *LA CONSTITUTION*

Rue des Balais, à COGNAC

ANGOULÊME

IMPRIMERIE F. LUGEOL & Cie

18, Rue d'Aguesseau, 18

Je n'ai la prétention d'être ni un écrivain, ni un homme politique. Mais je n'ai pu résister au désir que j'éprouvais de soumettre à mes Concitoyens quelques idées que je crois utiles.

Je ne me dissimule pas que le fond et la forme de cet écrit présentent de grandes imperfections. On me les pardonnera en faveur de l'intention.

Tout ce qu'il contient *est de moi et de moi seul. Je l'ai rédigé et je le publie sans prendre conseil de personne.* C'est donc à moi seul que le public devra en reporter la responsabilité bonne ou mauvaise.

A. CHEVALIER.

LA RÉPUBLIQUE

dans

L'ARRONDISSEMENT DE COGNAC

La gloire s'acquiert moins sur les champs
de bataille qu'à lutter pour le bien de
tous contre les doctrines mauvaises des
hommes injustes·et méchants.

I

Déjà l'instruction pénètre chez les habitants des plus petits villages, et tels fils du vigneron le plus pauvre possèdent aujourd'hui des connaissances plus complètes que les fils très adulés de nos princes de la finance.

Que sera-ce donc quand nous aurons partout des écoles gratuites, quand chaque Français pourra et devra s'instruire?

Pour le coup, la France sera bien la première nation du monde.

Alors, personne ne parlera plus de changer le gouvernement, parce que l'immense majorité des électeurs comprendra les intérêts du pays et imposera silence aux factieux.

Tout le monde appréciera et contrôlera les actes de tous les mandataires de la nation, et désormais plus d'illusions, plus de ténèbres, et la vérité sera connue.

Et les monarchistes ne se réjouiront pas du progrès accompli. Il faudra, bon gré, mal gré, renoncer à l'espoir si doux de porter une couronne, de commander en maîtres à plusieurs millions d'hommes.

Oui, le jour où chaque Français saura lire et écrire, discuter et comprendre, et qu'il pourra se rendre compte lui-même des actes et de la conduite politique des représentants de la nation, tous les prétendants pourront plier bagage : le peuple tout entier les y conviera.

Et ce sera la République qui éclairera le peuple et lui donnera l'instruction.

Et ce sera la République que le peuple aimera.

La République enterrera les Monarchies déjà tombées, et dans vingt ans, sous le beau ciel de France, personne ne parlera de « *réviser* » la Constitution. Pas un député bonapartiste ne siégera à l'Assemblée nationale. Nous aurons depuis longtemps la vraie République, que les réactionaires de tous les partis cherchent à étouffer aujourd'hui. Nous jouirons de la vraie liberté, et nous serons des citoyens unis, vraiment dignes du nom de Français.

Voilà ce que les efforts désespérés de tous les factieux ne pourront pas empêcher.

Qu'ils injurient, qu'ils mentent, qu'ils calomnient, qu'ils cherchent à semer partout la haine et la discorde, rien n'y fera. Le jour se lève ! L'instruction, comme le soleil qui apparaît, répand partout la lumière, et, chaque jour, les intelligences honnêtes vont grossir les rangs républicains avec confiance, certaines d'accomplir le plus patriotique des devoirs.

Et voilà pourquoi, dans l'arrondissement de Cognac, il ne s'est trouvé personne qui veuille briguer les suffrages des électeurs en arborant le drapeau flétri de Sedan.

Et voilà pourquoi les bonapartistes perdront, aux élections de 1880, la majeure partie de leurs siéges.

Et voilà pourquoi les honnêtes gens respirent.

Et voilà pourquoi les républicains sont calmes.

Chez nous encore, il est vrai, les aventuriers qui se déclarent amoureux du régime tombé à la suite des désastres qu'il nous a *seul* causés en 1870 trouvent des partisans; mais le nombre en diminue sensiblement chaque jour, et il en est beaucoup déjà qui ont compris la faute qu'ils ont commise aux dernières élections.

Et quand on considère les moyens et les motifs qui ont assuré le succès du candidat bonapartiste, on est autorisé à constater bien des défaillances qui ne font certainement pas honneur à ceux qui en ont, malheureusement, été les auteurs.

On a sacrifié les principes pour perdre un candidat qui a conservé une attitude *tellement digne*, que l'opinion publique, loin de s'en écarter, lui prépare, dans la revanche, des compensations méritées.

Et avait-on le droit d'agir ainsi? Cela dépend de l'élasticité des consciences, du cas que l'on fait des promesses du passé et de l'amour que l'on a pour son pays.

On pourra, d'ailleurs, consulter les documents reproduits plus loin, et juger en pleine connaissance de cause.

Constatons tout de suite que le résultat de cette élection, qui a rempli de joie les cœurs de tant de bonapartistes, n'est pas une défaite pour la République.

C'est, au contraire, une victoire.

Et, en effet, qu'on le remarque : 6,500 voix, des voix sincères, qui ne se rétracteront jamais, acquises à la République dans l'arrondissement de Cognac (Charente), malgré les manœuvres déloyales du candidat bonapartiste, les promesses, les menaces et la coalition de toutes les influences jalouses !

Il a fallu, on doit forcément le reconnaître, qu'un bien grand changement se soit opéré dans les esprits depuis 1870, pour que, six ans plus tard, les ennemis de l'Empire deviennent si nombreux.

Leur nombre s'accroîtra au fur et à mesure que l'instruction se répandra, et, dans nos riches campagnes, il n'y aura plus, quand chacun connaîtra l'histoire de l'Empire et les maximes de la République, que de bons républicains dévoués à leur pays.

Et pourquoi, depuis six ans, le nombre a-t-il atteint le chiffre de 6,500 dans l'arrondissement de Cognac?

C'est que beaucoup d'honnêtes gens ont sérieusement réfléchi, étudié les faits et gestes des saltimbanques affolés du régime bonapartiste, et qu'ils ont compris qu'en continuant d'accorder leur confiance aux apôtres de l'Empire, les Prussiens, qui ne sont pas venus à Cognac les voler et les piller, pourraient bien, dans l'avenir, par l'imprudence de ces *risque-tout*, venir visiter leurs chais et s'imposer chez eux.

Mais ils ne sont pas venus à la République uniquement par intérêt.

Ils y ont été amenés par le patriotisme, par le dévouement au pays, par l'amour de la paix et de l'ordre, qui n'ont pas été un seul instant troublés depuis six ans, et parce que, en vrais patriotes, ils ont considéré la situation telle qu'elle est et fait ce que l'honneur leur commandait de faire.

Ils ont, ces hommes de mérite, que les mauvais Français et les ignorants seuls condamnent, donné leur appui, sans arrière-pensée, au principe sacré de la souveraineté nationale, que l'empereur et ses courtisans avaient escamoté au peuple français.

Et ils sont nombreux aujourd'hui, les Français qui ne veulent plus se laisser exploiter par les vandales de la Corse.

Quand on comprend la conduite des Bonaparte et de leurs séides et qu'on est honnête, on méprise cette engeance, on devient républicain, non-seulement par raison, par patriotisme, mais aussi par horreur pour les crimes de ces bandits.

Et si tous les honnêtes gens qui comprennent les criminels projets de ceux qui parlent de « *réviser* » la Constitution actuelle pour ramener l'Empire ne témoignent pas publiquement leur mépris, c'est qu'ils ont souvent la consolation de constater que ces spadassins audacieux sont des étrangers à leur pays et qu'ils conservent toujours l'espoir de les en chasser.

Dans l'arrondissement de Cognac, la lutte engagée a dépassé toute mesure et divisé des citoyens qui, toujours, avaient eu le bon esprit de s'estimer et de s'aimer.

Pourquoi cette rivalité ? Les intérêts des uns et des autres ne sont-ils pas solidaires, et des concitoyens ne feraient-ils pas mieux de s'unir dans le même sentiment d'attachement à la concorde et à l'union, que de se haïr et de se combattre ?

Et c'est un étranger, né à Rome et venu on

ne sait d'où, à moins que ce ne soit des maquis de la Corse, qui représente en réalité, comme tous *les meneurs bonapartistes*, le parti du désordre, de la guerre et de la révolution sanglante, qui est venu jeter le trouble au milieu de nos populations ordinairement si paisibles !

Cet homme est un révolutionnaire, ennemi de l'ordre et de la paix, qui veut nous ramener, à tout prix et par tous les moyens, un régime détestable, né du crime et mort dans le crime.

La preuve en est éclatante, puisqu'il excite les électeurs contre le gouvernement légal du pays, puisqu'il écrit dans son journal que « LES RÉPUBLICAINS, SOUS L'EMPIRE, NE COM-» BATTAIENT PAS LE GOUVERNEMENT », MAIS QUE, « SOUS LA RÉPUBLIQUE, 100 DÉPUTÉS » BONAPARTISTES TRAVAILLENT POUR LE REN-» VERSER. »

Ce qui prouve, pour tout bon entendeur :

Que les vrais conservateurs, les vrais amis de l'ordre et de la paix, sont les républicains, puisque, pour éviter les catastrophes désastreuses, ils savaient respecter même un gouvernement qui leur déplaisait ;

Qu'au contraire; les bonapartistes, ne s'inspirant que du principe de la souveraineté du but, sont toujours prêts à tout sacrifier pour arriver à leurs fins.

Et une fois maîtres de la situation, on sait quelles mesures ils prennent à l'égard de leurs adversaires politiques : la fusillade, l'emprisonnement, la déportation.

Il est vrai qu'il y a des gens qui trouvent ces procédés très louables, qui applaudissent au crime, l'encouragent, et, d'un cœur léger et joyeux, s'écrient : *Qu'on tue tous les républicains* !

Mais quels sont ces gens, sinon des bandits eux-mêmes ?

Les républicains n'usent pas de réprésailles. Ils respectent et font respecter les personnes de tous les partis. Ils luttent seulement par la parole et la raison contre les doctrines mauvaises des hommes injustes et méchants, et c'est le droit de chacun d'user de cette arme sous la République.

De quel côté est donc le bon sens ?

De quel côté sont donc la justice, le droit, la vérité ?

Les électeurs de l'arrondissement de Cognac le comprendront tous plus tard, et ils diront avec le reste de la nation : *Défions-nous des étrangers et des prétendants, ils veulent vivre à nos dépens.*

II

Notre espoir ne sera pas déçu. Dans le grand combat qui se livrera en 1880, notre arrondissement prouvera qu'il ne dort plus. En France, les intrigants éhontés seront chassés, et la souveraineté populaire ne sera livrée à personne.

A cette époque, il y aura dix ans que la République aura vécu sans troubles, sans émeutes. Le peuple manifestera une nouvelle fois sa volonté de faire respecter le gouvernement qui existe, et mieux qu'aujourd'hui, parce qu'elle sera plus *elle-même*, la République répandra ses bienfaits sur tout le peuple.

Notre dette nationale diminuera, et la République allégera les lourdes charges que l'Empire seul a rendues nécessaires et fait peser sur tous les contribuables. Elle emploiera ses économies, non à entretenir des courtisans paresseux, des marquis et des nobles débauchés, perdus de dettes et mendiants, mais bien à augmenter le nombre de nos maisons d'école, de nos chemins de fer, de nos canaux, de nos chemins vicinaux, en un mot, à accroître l'outillage moral et matériel de la nation.

Voilà ce que fera la République.

Quelle richesse cette conduite n'assurera-t-elle pas à notre chère France?

Et voilà justement ce que les prétendants et les réactionnaires craignent, parce qu'une fois ce résultat obtenu, le peuple, qui reconnaîtra ses intérêts, ne prêtera plus l'oreille aux fantastiques promesses des exploiteurs. Il aura confiance en la République, dont il comprendra les véritables principes, ces principes de la logique et du sentiment, gouvernement du pays par lui-même, instruction, union et concorde, amour de la paix, du travail, du beau et du juste. Il demandera alors que l'on rende hommage à nos pères de 89 et que l'on célèbre tous les ans le glorieux anniversaire de cette République qui, en lui donnant l'aisance et la paix, lui aura aussi donné l'instruction et la vraie liberté.

Et voilà la Révolution comme les républicains l'entendent, et la seule qu'ils demandent.

Quelle comparaison avec le 2 Décembre et la Commune !

Ceux qui représentent la République sous d'autres formes savent qu'ils mentent et sont les pires ennemis du peuple. Ils veulent l'induire en erreur et le tromper. Et c'est dans leur intérêt personnel, parce que le rétablissement d'une monarchie quelconque leur assurerait des récompenses, des places bien payées et des honneurs.

Voilà le mobile unique de leurs coupables tentatives.

Et comment le peuple serait-il assez fou pour écouter les exhortations intéressées des meneurs sans vergogne qui parlent de Royauté et d'Empire ; assez imprudent pour ouvrir les bras à un nouveau prétendant, et surtout à un nouveau Bonaparte ? Sous les deux empereurs, nous avons eu presque continuellement la guerre. Tous les deux ont augmenté la dette nationale, et tous les deux, Napoléon Ier et N   I, ont fini piteusement :

l'un prisonnier à Sainte-Hélène, l'autre à Wilhemshoë.

Ces exemples frappants ne sont-ils pas un enseignement suffisant?

Ah! si les milliards dépensés follement dans ces guerres insensées avaient été employés à la construction de chemins de fer, de grandes routes et de maisons d'école, comme le veut faire la République, quel degré de grandeur aurait atteint la France!

Et, sérieusement, n'avons-nous pas raison de dire que le peuple serait fou de rappeler un pareil régime? Et faut-il ne pas croire ignorants et aveugles ceux des honnêtes gens qui applaudissent les meneurs, qui en demandent le retour? Et ceux qui flattent leurs préjugés ne commettent-ils pas un crime?

En leur disant franchement la vérité, on remplit un devoir et on s'assure pour l'avenir leur reconnaissance.

Pour l'honneur de la France, son relèvement moral et matériel, le peuple repoussera donc l'Empire.

Pour assurer à la France l'ordre, la paix et le travail, qui font seuls la prospérité et la grandeur, le peuple acclamera la République.

III

La République est la foi de tous les cœurs droits et la lumière de toutes les intelligences ouvertes et honnêtes, parce qu'elle veut le bonheur et l'union des hommes.

Dans les campagnes, comme partout ailleurs, les enfants de la France s'habitueront à l'adorer et seront fiers de se dire républicains.

Et qu'on ne se laisse pas tromper aux grimaces de ces incorrigibles enfants qui disent du mal d'elle.

Ils ne sont pas adroits, les petits capitaines Fracasse, et leur devoir comme leur intérêt leur commandent de suivre le courant qui entraîne l'opinion.

L'intérêt n'est-il pas leur principal mobile?

Or, qu'espèrent-ils de mieux que de jolis

petits écus, même frappés à l'effigie de la République ?

Allons, Messieurs, un bon mouvement, venez à elle sans crainte ; elle n'est pas méchante, elle vous pardonne et vous sourit déjà. Un pas de plus, et elle vous embrassera. Vous ferez vos affaires aussi bien sous son régime que sous un autre, et vous n'aurez pas à craindre les folies d'un maître imbécile.

Comme tout ira bien et comme il sera facile de s'entendre, si vous consentez à devenir raisonnables, si votre conversion est sincère et si vos actes en témoignent !

Ne suivez pas l'exemple de ces hommes qui prennent à tâche de lutter contre la raison, la justice, l'humanité, qui calculent mal même leurs intérêts personnels, qui sacrifient jusqu'à leur amour-propre pour assouvir leurs coupables passions et les caprices de leur mauvaise nature. L'opinion publique finit toujours par se tourner contre eux.

Il en sera de même, dans l'arrondissement de Cognac, pour certains hommes, quand chaque électeur connaîtra leurs actes et leur conduite politiques, et la presse se chargera de ce soin.

Et puisque la justice l'exige pour le bien de tous, commençons nous-mêmes par rendre à chacun selon ses mérites, selon ses œuvres, et plaçons sous les yeux de nos lecteurs l'attitude des divers personnages qui jouent un rôle politique dans notre contrée.

Certains rédacteurs de journaux, notamment le directeur politique du *Suffrage universel* et tous ses acolytes, sans respect pour la vérité et ne poursuivant qu'un triomphe de parti, cherchent à fausser le jugement de la masse, pour qu'au moment des ténèbres on l'exploite et on la trompe. La campagne surtout excite chez les intrigants des manifestations de bruyant attachement qui s'expliquent.

Ils les croient donc bien simples, les habitants des campagnes, et faits pour être continuellement leurs jouets, — *ce que nous ne voulons pas, nous, républicains, puisqu'au risque de leur déplaire nous voulons leur dire la vérité,* — qu'ils osent encore, après le passé, après la guerre, après l'invasion, après Metz, après Sedan, après nos immenses désastres, après ces immenses hécatombes humaines où sont entassés les cadavres de nos enfants, nous rappeler le souvenir de la dynastie qui nous les a causés, quand ils savent que leurs intérêts et ceux de la France exigent autre chose que la guerre et les rois !

Mais, disent les audacieux, les électeurs des campagnes étaient tous pour l'Empire, et, lors du dernier plébiscite, une immense majorité acclamait une fois de plus le chef de ce gouvernement par 7 millions de oui jetés dans les urnes électorales. Eh ! certainement ils l'ont fait, et ils le reconnaissent bien ; mais est-ce que ce vote de surprise les a liés indéfiniment au régime déchu ? Est-ce que vous croyez, serviteurs fidèles de la dynastie napoléonienne, qui viviez à nos dépens sous son règne et qui y vivez encore en grande partie aujourd'hui, est-ce que vous croyez, M. Cuneo d'Ornano, qu'ils continueront longtemps à accorder leur confiance à ceux qui ont trompé leurs espérances ?

Détrompez-vous, l'expérience leur est acquise, et ils ont assez le sentiment de l'honneur pour ne pas restaurer à leur détriment un trône honteux. Leur politique, à eux, n'en doutez pas, sera toujours celle qui leur assurera la paix, l'ordre et le travail, et ils savent maintenant que ce ne peut être ni un roi, ni un empereur, à quelque dynastie qu'il appartienne.

La débâcle bonapartiste vient de continuer dans l'arrondissement de Marennes, où M. d'Ornano est allé prôner en faveur du candidat de sa couleur, et semer, autant qu'il l'a pu, le mensonge et l'intimidation. Elle s'étendra dans les deux Charentes et jusque dans l'arrondissement de Cognac.

L'Empire est bien mort, et tous les honnêtes patriotes se réjouissent légitimement de son trépas.

Sans doute, le département de la Charente fut dévoué au gouvernement de Napoléon III; sans doute, son dévouement ne lui fit pas défaut pendant vingt ans, et, au moment du dernier plébiscite, quelques-uns de ses hommes les plus respectables et les plus considérables ont, dans un manifeste aux électeurs, affirmé hautement leur attachement et encouragé chacun à voter la Constitution alors proposée, mais avec la grande conviction qu'en agissant ainsi ils travaillaient pour l'ordre, la prospérité et la paix.

Et comme il est toujours bon d'étudier le

passé pour préparer l'avenir, qu'on en juge,
ce manifeste, le voici :

Le Comité central du département de la Charente a adressé aux
électeurs le manifeste suivant :

« Messieurs et chers Concitoyens,

» Les partis hostiles, prenant pour prétexte
» le vote plébiscitaire provoqué par l'empe-
» reur, ont fait naître une situation dont la
» gravité ne vous a certainement pas échappé.

» Forts de notre patriotisme, nous venons
» avec confiance faire appel à votre concours
» intelligent et dévoué.

» Pour consolider l'Empire, qu'ont déjà ac-
» clamé vos suffrages ; pour fonder l'alliance
» féconde de l'ordre et de la liberté ; pour
» repousser ce qu'on a osé appeler la liqui-
» dation sociale ; pour protéger la propriété
» et la famille contre les déclamations insen-
» sées et les revendications implacables ;
» dans l'intérêt même de la solution pratique
» des problèmes sociaux qui s'agitent, vous
» n'hésiterez pas à voter et à faire voter *oui*
» dans la mesure de votre légitime influence.

» S'abstenir, ce serait déserter pendant le
» combat ; voter *non*, ce serait conspirer le

» gouvernement de l'Empire et le retour des
» plus mauvais jours de notre histoire.

» Afin qu'une victoire décisive affermisse
» l'Empire libéral, désarme la Révolution et
» rende à la France, en même temps que la
» liberté, la sécurité qui a fait sa prospérité
» et sa grandeur,

» Allons tous au scrutin,

» Et votons OUI.

» Angoulême, le 27 avril 1870.

» *Les Membres de la Commission exécutive :*

» MM. ANDRÉ et LAROCHE-JOUBERT, députés,
présidents ;
» BROQUISSE, président du tribunal de
commerce, conseiller municipal,
vice-président ;
» LIÉDOT, ancien payeur du département, conseiller municipal, trésorier ;
» LÉRIDON, avocat, secrétaire ;
» ARGOULLON, vice-président honoraire,
conseiller municipal, trésorier ;
» BÉNARD, procureur impérial ;
» BOURZAC, ancien proviseur du Lycée ;
» GAILLARD, président du Tribunal civil ;
» LAROCHE-JOUBERT fils, gérant de la
papeterie coopérative d'Angoulême ;
» NADAUD, juge au tribunal de com-
merce, conseiller municipal. »

« Nous nous plaisons, disait l'*Indicateur* de Cognac du 5 mai 1870, dans lequel nous puisons ces renseignements, à enregistrer que cette manifestation a reçu dans notre arrondissement le plus chaleureux accueil, et qu'elle a été spontanément signée des notabilités dont les noms suivent:

» J. DENIS, président du tribunal de commerce ;

» CHAMPVALLIER, président du tribunal civil ;

» GUESLIN, conseiller général ;

» RAMBAUD DE LAROCQUE, conseiller général ;

» Auguste HINE, conseiller d'arrondissement ;

» HENNESSY père et fils ;

» Maurice HENNESSY, juge au tribunal de commerce ;

» Ch. MARTELL, conseiller municipal ;

» ÉDOUARD MARTELL, négociant ;

» Gabriel MARTELL, conseiller municipal ;

» Jules DUPUY, négociant ;

» Gabriel DUPUY, conseiller d'arrondissement ;

» Auguste O'TARD DE LA GRANGE, conseiller d'arrondissement ;

» Jules CAMINADE, négociant ;

» Etienne AUGIER, négociant ;

» Louis DE SALIGNAC, conseiller municipal ;

» Henry PINET, négociant ;

» Elie PINET, conseiller municipal ;

» Jules ROBIN, conseiller municipal et juge
au tribunal de commerce ;

» Edmond JAULIN, négociant ;

» Henry MOUNIÉ, négociant ;

» Paul MERCIER, juge au tribunal civil ;

» MOULLON, négociant, conseiller municipal ;

» DE PERRY, conseiller d'arrondissement ;

» MAURAIN-BELLOT, juge au tribunal de commerce ;

» BAURY, banquier, juge au tribunal de commerce ;

» Jules RAMBAUD, notaire ;

» LABROSSE, notaire ;

» FOUCAUD, négociant ;

» BELLOT, négociant ;

» Émile ALBERT, avocat. »

Il est donc bien démontré par cette circulaire qu'un grand nombre de personnali-
tés considérables du pays, plus confiantes
que clairvoyantes, étaient, en 1870, dévouées
à l'empereur et à son gouvernement, mais
aussi que chacun des signataires ci-dessus,
en votant et en engageant de voter *oui* dans

la question du plébiscite, croyait naïvement aider à désarmer la Révolution et à assurer la liberté, la sécurité, la prospérité et la grandeur du pays.

Quelques hommes, que le fanatisme impérialiste n'aveuglait pas, osèrent seuls résister à l'entraînement funeste qui emportait notre pauvre patrie vers sa ruine et montrer à nos concitoyens le précipice que le plébiscite et ses souteneurs avaient ouvert sous ses pas.

Entre tous, nous citerons le nom de l'honorable M. Planat.

Si sa voix et celle de ses amis eussent été écoutées, quels désastres nous eussent été épargnés ! Mais on n'avait d'oreilles que pour les d'Ornano de cette époque, et la terrible leçon que le pays a reçue n'a pas suffi pour le détourner, aux dernières élections, d'avoir encore une confiance insensée dans ces fous qui l'ont amené à deux doigts de sa perte, qu'ils travaillent de toutes leurs forces à rendre définitive.

Quant à M. Planat, on sait comment nos concitoyens l'ont récompensé d'avoir rempli son devoir en leur disant la vérité et en s'efforçant de leur inspirer la seule conduite que l'honneur, le patriotisme, le sens commun et l'intelligence de leurs intérêts les plus élémentaires eussent dû leur conseiller.

L'espérance qui avait guidé nos concitoyens notables, lors du plébiscite, fut promptement déçue, et dès le 5 juillet 1870, c'est-à-dire deux mois après, la guerre avec la Prusse était inévitable.

Cependant, tout en regrettant la guerre, on comptait sur notre vaillante armée, qu'on croyait nombreuse, sur son organisation, qu'on croyait complète.

L'impératrice, cette Espagnole maudite, disait stupidement : « C'est ma guerre ! » Et tous les généraux d'antichambre et les courtisans répétaient en faisant la roue :

« Dans un mois, après une promenade militaire à travers l'Allemagne, nous entrerons à Berlin ! »

Quelle déception, grand Dieu ! A peine la guerre est-elle commencée que nos soldats, sans armes, sans vivres, sans vêtements, sans généraux, impuissants malgré leur bravoure, reculent pas à pas devant des ennemis dix fois plus nombreux qu'eux, et voilà la

France livrée à l'invasion, et Wissembourg, Forbach, Sedan et Metz se succèdent comme des coups de foudre !

Oh ! alors, tout change et tout le monde se demande ce qu'ont fait les hommes de l'Empire. *Le dévouement du pays leur a-t-il fait défaut ? L'argent leur a-t-il manqué ? N'avaient-ils pas tous les pouvoirs et tous les droits ? N'étaient-ils pas la grande majorité ? N'étaient-ils pas les maîtres absolus, et feront-ils retomber la responsabilité de nos désastres sur la minorité infime ?*

L'Empire écroulé, les Napoléon et leurs amis « filent sur la Belgique », abandonnant la France qui saigne, et s'en vont à l'étranger chercher à y reconstituer une nouvelle coalition.

La République, proclamée à Paris, fut acclamée par toute la France, et au gouvernement d'un maître et de quelques valets succéda le gouvernement du pays par lui-même.

Le lendemain même, les notables de Cognac se hâtent de retourner leurs vestes et de publier le manifeste suivant :

MANIFESTE DE LA COMMISSION MUNICIPALE DE COGNAC

Chers Concitoyens,

« Essentiellement agricole et commercial,
» notre pays n'a été guidé dans les divers
» actes de la vie publique que par le désir
» d'assurer la paix au dehors, de maintenir
» l'ordre au dedans, et de favoriser partout
» et toujours le développement des idées
» progressives et libérales.

» Voilà notre programme ; voilà ce que
» nous avons toujours voulu.

» Au lieu de cela, qu'avons-nous obtenu ?
» *La guerre et l'invasion !*

» En acclamant la République, nous voyons
» dans l'avénement de ce gouvernement la
» forme politique qui doit clore l'ère des ré-
» volutions.

» La République que nous saluons est donc
» celle qui inscrit sur son drapeau : *Liberté,*
» *Progrès, Ordre, Travail.* C'est celle qui veut
» établir la fraternité, non-seulement entre
» tous les citoyens, mais encore entre tous les

» peuples. C'est celle, enfin, qui veut le libre
» exercice du suffrage universel, sans pres-
» sion d'aucune sorte.

» Telles sont, chers Concitoyens, les idées
» de la commission municipale de Cognac ;
» chacun s'y ralliera, car il y va, selon elle,
» du repos et de l'avenir du pays.

» *Ont signé avec la commission municipale :*

» MM. Alexandre ROBIN ; Armand MAURAIN ;
» Paul IMBAUD ; Maurice HENNESSY ;
» Gervais ROBIN ; MOULLON ; BONNIOT,
» ex-notaire ; O'TARD DE LA GRANGE ;
» J. DUPUY ; L. FOUCAUD ; Jules CAMI-
» NADE ; A. HENNESSY ; E. MOUSNIER ;
» Frédéric HENNESSY ; H. CASTILLON ;
» E. AUGIER ; A. PINET ; CH. MARTELL ;
» ÉDOUARD MARTELL ; P. MERCIER ;
» Théodore MARTELL ; Henri MOUNIÉ
» fils ; Gabriel MARTELL ; Henri MOU-
» NIÉ ; Jules ROBIN ; G. DUPUY ; Ed.
» JAULIN. »

Ainsi, les mêmes hommes qui avaient sou-
tenu l'Empire et conseillé de voter OUI dans
la question du plébiscite, reconnaissant que
l'Empire les a trompés, et qu'au lieu de la
paix et du progrès, ce gouvernement leur a

donné la guerre et l'invasion , acclament la République et proclament que, seule, elle peut *clore l'ère des révolutions.*

Nous dira-t-on que ces hommes veulent compromettre les intérêts de leur pays, ou bien que ce sont des poltrons que la peur seule fait agir, ou encore que, sans idées et sans principes, ils tournent, comme des girouettes, à tous les vents?

Personne ne tiendra un pareil langage vis-à-vis des hommes honorables dont nous avons reproduit les noms. Il est donc incontestable qu'aujourd'hui ils sont tous devenus, sans réserves ni arrière-pensées, d'excellents républicains.

La campagne charentaise connaît ces hommes, dont le savoir et l'intelligence égalent certainement la fortune, et sera insensible, dans l'avenir, aux discours de ceux qui oseraient dire que la conversion de ces honnêtes citoyens n'est pas sincère et complète, et qu'ils laisseront protester la signature qu'ils ont donnée à la République. Or, la campagne charentaise sait qu'elle peut avoir confiance en eux, que ce sont des conservateurs déterminés , et puisqu'ils sont tous devenus des républicains, qu'ils l'ont écrit et signé, elle suivra leur exemple et abandonnera l'Empire pour la République.

En vain les audacieux essaieront-ils de nous parler de cette prétendue gloire qui a coûté à la France, en Crimée, 95,000 de ses enfants et près de 2 milliards; en Italie, 20,000 de ses enfants et 300 millions ; au Mexique, 60,000 de ses enfants ; et en Chine, Cochinchine et Syrie, 15,000 de ses enfants et 300 millions.

Invoqueront-ils aussi le souvenir de la guerre contre la Prusse en 1870, où plus de 100,000 de nos enfants sont morts, où nous avons perdu 8 milliards, l'Alsace et la Lorraine ?

Si, après tous ces revers, toutes ces défaites, toutes ces pertes, toutes ces folies, ils croient faire adorer le gouvernement qui nous les a causés, que pensent-ils donc de nous, ceux qui toujours ont fait appel à la force brutale du peuple, au lieu de parler à son cœur et à sa raison ?

Pensent-ils enfin que nous soyons assez simples ou assez aveugles pour nous livrer à eux pieds et poings liés, et croient-ils que nous ne comprenons pas que l'avénement de Napoléon IV, filleul du pape, au trône de France, nous apporterait à bref délai la guerre avec l'Italie et la Prusse unies, c'est-à-dire la ruine complète, le démembrement de la France ?

Henry V nous offrirait les mêmes avantages.

Que conclure ? La commission municipale de Cognac l'a fait ; Thiers, le grand citoyen, l'a fait, et tous les honnêtes gens vraiment patriotes, vraiment dévoués à la cause de la nation. l'ont fait comme eux.

Assez de guerres, assez de rois et d'empereurs, ont-ils dit ; ce sont les fléaux des peuples. La paix et le travail. Arborons sincèrement le drapeau de la France, et qu'il devienne glorieux sous la République. Ce gouvernement, désormais, est le seul qui puisse s'asseoir en France sans luttes ni désordres, et lui rendre sa prospérité et sa grandeur passées.

Et le pays a compris ; il en a donné la preuve depuis six ans en envoyant à l'Assemblée nationale des députés représentant presque toujours les opinions républicaines.

Et répétons-le, le succès était également acquis à la République dans l'arrondissement de Cognac, si certaines influences que l'on connaît n'avaient manqué à leurs promesses du passé et à leur devoir.

Cette conduite, les électeurs se la rappelleront, et nous aimons à croire que ceux-là même qui ont donné l'affligeant spectacle d'hommes qui sacrifient les intérêts de leur pays à leur rancune et à leur jalousie sauront, dans l'avenir, se montrer plus justes et plus dignes.

Mais passons, 1880 approche et l'Empire ne reviendra pas.

La France sait qu'elle a intérêt à ne pas changer de gouvernement.

Nous nous rappelons, à ce sujet, la circulaire d'un de nos honorables concitoyens de Matha, M. Auguste Bossay, et nous en extrayons les passages suivants :

« Mes chers Concitoyens,

» Vous savez combien les révolutions qui » engendrent la guerre civile sont funestes

» à la propriété , au commerce et à l'indus-
» trie.

» Ignorez-vous donc que les changements
» de gouvernement ne valent rien ?

» Voyez l'Angleterre, combien elle est puis-
» sante, riche et commerçante : voilà deux
» cents ans qu'elle n'a pas changé de gouvernement.

» Voyez l'Espagne, combien elle est fai-
» ble, pauvre et fainéante : depuis cent ans
» la guerre civile y est pour ainsi dire en
» permanence.

» Aussi, tandis que l'Angleterre et la Fran-
» ce, dont la dette est à peu près égale,
» payent l'une et l'autre un peu moins de
» quatre et demi du cent à leurs créanciers,
» l'Italie et l'Espagne ont bien de la peine
» à trouver de l'argent à dix du cent !

» D'une part, la stabilité et la richesse, de
» l'autre, le désarroi et la ruine.

» *Votons donc oui*, tout en faisant nos réser-
» ves pour l'avenir, car, il faut bien qu'on le
» sache, aucun de nous ne veut aliéner ses
» droits. »

Comme on le voit, cette circulaire a été

publiée par M. Bossay à l'occasion du plébiscite, en 1870.

M. Bossay est, aujourd'hui, républicain et
partisan du gouvernement qui existe, parce
que, il a eu raison de le dire, les changements
de gouvernement ne valent rien. Ils provo-
quent toujours les révolutions, la guerre civile, et c'est toujours le peuple qui paye les
pots cassés.

Que conseillent donc la raison et la pru-
dence ?

De renoncer, pour le bien général, pour
l'intérêt de tous, aux anciennes coutumes,
aux vieux préjugés, et d'apporter à la cause
commune toute la somme de dévouement
dont on est capable, c'est-à-dire de préparer
l'avenir comme il convient à des hommes sérieux et de bonne foi, par la discussion paci-
fique, par des débats contradictoires qui
démontreront que la République est la meil-
leure forme de gouvernement.

Le moment est venu de s'éclairer sur ce
sujet, pour agir en pleine connaissance de
cause aux élections de 1880.

En effet, avant de décider du sort de la
France, il faut nous conseiller, nous enten-

dre, et tâcher de mériter, par une conduite sage et digne, l'approbation des nations voisines, qui nous étudient et nous suivent du regard.

Chasser tout esprit de parti, ne consulter que notre conscience, étudier la situation dans laquelle nous nous trouvons aujourd'hui et travailler résolûment pour l'ordre et la prospérité de notre pays, tel doit être notre programme.

Les réactionnaires de tous les partis monarchiques ne s'inspirent pas de ces sentiments. Consultez le journal « le *Suffrage universel* »: ils insultent, tapagent, *font appel aux fourches*, entretiennent des polémiques ridicules, cherchent à fausser le jugement de la masse, et, nous l'avons déjà dit, au moment des ténèbres, on exploite et on trompe. *Exemple: Deux-Décembre.*

Le peuple, alors, est bâillonné, garrotté, et on dispose de lui comme d'un vil bétail.

Mais, si trop longtemps quelques gribouilleurs de papier vendus, quelques aventuriers audacieux ont réussi à jeter le trouble au milieu de nous qui voulons la paix, à nous induire si souvent en erreur et à nous tromper, rendons-nous compte aujourd'hui de la vraie situation, pour ne pas marcher en aveugles cette fois, car il s'agit de l'avenir de la France, c'est-à-dire de notre propre avenir, et nous ne devons pas traiter à la légère une question aussi importante. Nous savons ce que nous coûtent, d'ailleurs, les tours de force des intrigants et la faiblesse que nous avons de les écouter.

Franchement et résolûment donc, étudions la question. Regardons un peu en arrière d'abord et rappelons-nous les événements de l'année 1870, de fatale mémoire.

Nos concitoyens des villes et des campagnes se sont-ils tous rendu compte du désordre qui existait à cette époque dans les administrations impériales ; des coupables spéculations que des gens dévoués à ce régime ont si impudemment faites au détriment de l'intérêt public ?

Ah ! si un contrôle rigoureux eût apporté partout la lumière, ils eussent vite condamné le gouvernement qu'ils adoraient.

Et voyons, sérieusement, qu'ils se rendent compte avec nous des fautes, des folies et des crimes de cette bande d'intrigants éhontés.

L'Empire, en 1870, déclare la guerre à la Prusse.

On compte sur une armée de 650,000 hommes, équipés, armés, prêts à livrer bataille.

On compte sur une bonne artillerie.

On compte sur des préparatifs sérieux et une organisation complète.

On compte sur des vivres pour longtemps, et la guerre dût-elle durer un an, pas même un bouton de guêtre ne doit manquer à nos vaillants soldats.

C'est le ministre de la guerre, c'est le maréchal Lebœuf qui l'affirme à la face du pays !

Eh bien , la déception est grande quand on constate, au début de la guerre :

Que notre armée n'est forte que de 230,000 hommes ;

Que l'artillerie est pour ainsi dire nulle ;

Que les préparatifs · et l'organisation font complétement défaut ;

Que partout, à Metz, à Strasbourg et dans toutes nos places fortes , nos généraux réclament des vivres et des munitions pour pouvoir se défendre et ne pas laisser mourir de faim nos malheureux soldats, déjà tant éprouvés par les fatigues et le froid.

Cela est de l'histoire que les violences de langage des bonapartistes ne pourront jamais effacer.

Et on ose parler des prospérités de l'Empire !

Quoi ! nos désastres seraient des prospérités ?

Ah ! que ne dit-on tout de suite que Metz et Sedan sont nos plus grandes gloires !

Il est des gens qui pourraient le croire, et, pour les meneurs bonapartistes, l'ignorance n'est-elle pas toujours bonne à exploiter ?

L'Empire, pour se maintenir, faisait beaucoup de dons aux familles nobles, entre autres aux d'Ornano, ainsi qu'au clergé, et faisait vivre un grand nombre de courtisans paresseux, qui gaspillaient les pièces de cent sous avec la prodigalité dédaigneuse d'hommes qui savent dépenser, mais non pas gagner.

Et notre armée était réduite, négligée.

Nos soldats étaient mal équipés, mal armés, mal nourris.

Voilà la vérité.

Mais l'Empire, C'ÉTAIT LA PAIX !

On gagnait beaucoup d'argent sous l'Empire.

Les vignes ne gelaient pas sous l'Empire.

Et les Prussiens ne sont pas venus dans les Charentes.

Et moyennant 2,300 fr., les fils de familles privilégiées se faisaient remplacer au service militaire et restaient au foyer paternel.

A la bonne heure, voilà qui était bien et qui était commode, mais qui était aussi bien triste.

En effet, c'était triste, et si nos concitoyens y réfléchissaient, ils le comprendraient bien.

Ils versaient au gouvernement impérial 2,300 francs pour que leurs fils fussent remplacés au service militaire; mais ils n'étaient jamais remplacés; on l'a bien vu lors de la guerre de 1870, puisque l'armée, au lieu de compter 650,000 hommes, en comptait seulement 230,000.

Où donc est passé tout l'argent des remplacés?

A qui a-t-il servi?

Il n'a pas servi à augmenter nos forces

militaires, puisque, lorsqu'il s'est agi de lutter, nous manquions de tout, de vivres, de munitions et même de soldats.

Et qui a soustrait cet argent des caisses publiques, si ce ne sont les créatures de l'Empire et l'Empereur?

Dira-t-on, osera-t-on dire que ce sont les républicains, quand le gouvernement impérial avait la direction générale des affaires publiques dans le pays, et faisait transporter ses ennemis politiques à Cayenne et à Lambessa?

En attendant, vous qui payiez pour soustraire vos enfants au service militaire et leur épargner les rigueurs de la guerre, vous avez été trompés et volés par l'Empire, qui, la guerre déclarée, a été contraint d'appeler vos fils, qui n'avaient pas été remplacés, pour remplir les cadres de l'armée.

Et on blâmerait aujourd'hui les hommes patriotiques qui veulent prévenir de pareilles fautes, qui prennent des mesures énergiques pour assurer au pays le travail et la paix! On blâmerait les Mestreau, les Planat, les Duchâtel, tous hommes du pays, dévoués à la paix et à l'ordre, et on louerait les Jolibois, les Boffinton, les Cuneo d'Ornano, tous inconnus et étrangers au pays, et qui travaillent ouvertement à renverser une dynastie qui ne pourrait être rétablie qu'au prix de la plus effroyable révolution.

On aurait bien tort, et, en effet, il vaut évidemment bien mieux que chacun de nous sacrifie quelques mois au service de son pays, qui sera respecté quand il sera fort, que personne alors n'osera attaquer, que de s'exposer inutilement à faire le sacrifice de sa vie dans des guerres insensées et ruineuses, déclarées par un seul homme, au gré de son caprice ou de son intérêt personnel.

Mais revenons aux événements de 1870, que l'honorable M. Planat nous avait, hélas ! si bien prédits.

Mais en 1870 comme en 1876, ce sont les d'Ornano que notre pays écoute !

C'est M. Planat qui nous avait dit la vérité, ce galant et honnête homme qu'on ne savait comment attaquer, et qu'alors de vils personnages ont voulu perdre dans l'opinion publique, que M. Cuneo d'Ornano a voulu traîner dans la boue sans y réussir.

La justice a condamné les infâmes calomnies répandues à profusion dans l'intérêt d'une élection douteuse. Le candidat d'Ornano reprochait à son concurrent de s'être compromis dans des marchés de pommes de terre, et voilà que c'est le contraire, que l'intervention de M. Planat a eu pour unique but d'empêcher la réalisation de ces marchés, contractés non par lui, mais par un ministre de l'empereur, par un ami politique de M. d'Ornano, par le seul ami de Mlle Blanche Costar, par M. Clément Duvernois, qui vient de sortir de la prison où il est resté deux ans, après avoir été condamné pour escroquerie.

Cela a été prouvé au tribunal de Cognac, et M. d'Ornano n'a pas pu le démentir. Si donc quelqu'un doit être appelé Blanche Costar et marchand de *patates*, c'est bien M. d'Ornano et non M. Planat, puisqu'il est prouvé que ce dernier n'a fait que flétrir ces marchés, et que le personnage qui les a conclus, de complicité avec Mlle Blanche Costar, est un ministre de l'empereur et un ami de M. d'Ornano.

Les électeurs, à leur tour, nous en avons la profonde conviction, auront honte de s'être laissé tromper si grossièrement et feront à l'honorable M. Planat la réparation qui lui est due.

Que l'on nous pardonne cette courte digression, faite en dehors de notre sujet, que nous reprenons.

Enfin, en 1870, nous agissions loyalement, et la *confiance* que nous avions dans ceux qui nous ont exploités et trompés était grande; mais agissions-nous avec toute la connaissance que nous aurions dû avoir sur le vote de *confiance* que nous proposait l'empereur? Évidemment non.

Eh bien, dans l'avenir, ayons donc le bon sens de ne vouloir décider d'une question que si nous sommes aptes à la juger.

IV

Au sujet de la question du dernier plébiscite, chacun a donc cru faire son devoir
et travailler pour la paix et l'ordre. La suite
nous a fourni un enseignement dont nous
devons savoir profiter.

Mais pour cela encore faut-il nous conseiller et nous entendre. Nous conseiller sera
chose facile et chacun émettra son opinion ;
mais parviendrons-nous à nous entendre ?
Espérons-le ; pour l'intérêt et le bonheur de
la France, nous ferons tous des sacrifices,
et les chimères et les illusions ne brouille-
ront plus nos têtes. Nous nous communi-
querons nos pensées, tous, les habitants des
campagnes et les habitants des villes, les

habitants de Bassac et les habitants de Cagouillet. Nous fraterniserons désormais et réduirons à néant cette animosité ridicule qui fait notre faiblesse. Ensuite, nous prononcerons d'un commun accord sur la forme du gouvernement, et nos prévisions seront justifiées.

Nous connaissons les habitants des campagnes aussi bien que ceux des villes, et nous savons qu'il suffirait que les influences cognaçaises, imitant en cela celles du reste de la France, arborassent sincèrement le drapeau de la.République pour le faire adopter par tous.

Ce serait bien là le sûr moyen d'éviter toutes querelles, tous troubles et de donner un libre cours au progrès et à la civilisation.

La République, en effet, n'effraie déjà plus comme autrefois, parce que l'on commence à reconnaître que les rapporteurs ne l'avaient pas dépeinte sous ses véritables couleurs; parce que cette forme de gouvernement seule promet la sécurité au dedans et au dehors; parce que la République doit être gouvernée non par des communards, des partageux et des brigands, mais bien par les honnêtes gens, qui ne cherchent jamais à compromettre leur pays.

Voilà six ans déjà que nous vivons sous la République, et bien des événements heureux se sont accomplis avec et par elle, et l'Europe nous a donné des preuves de son désir de nous la voir conserver.

Que l'on n'en doute pas, l'empressement que les capitalistes des puissances voisines ont mis à répondre à notre appel, au moment de l'emprunt des trois milliards, *couvert quatorze fois,* est une preuve éclatante de l'amour des peuples pour la République ; et vouloir la supprimer en France serait à la fois nous désunir et perdre beaucoup de notre prépondérance et de notre prestige.

Nous désunir, en ce sens qu'il faudrait rétablir une monarchie quelconque, et qu'il y a trois prétendants. Parviendrait-on même, avec beaucoup de peine, à restaurer un roi ou un empereur, que son règne ne serait pas de longue durée, et alors encore il nous faudrait supporter des jours d'angoisses. Et puis, ce n'est pas tout : il nous faut un gouvernement économique, et on connaît la façon dont les monarques font des économies !

Donc, il nous faut renoncer aux fictions financières et aux dépenses extravagantes qui pèsent principalement sur le peuple, pour les remplacer par de solides réalités, par l'ordre et l'économie.

La France, d'ailleurs, vient d'exprimer sa volonté de conserver les institutions actuelles. Hier encore, les électeurs de l'arrondissement de Marennes ont manifesté leur sentiment de préférence pour elles. Elles demeureront intactes sous la sauvegarde de l'illustre soldat qui s'est engagé, sur l'honneur, à les faire respecter.

Tout prouve donc, et nous devons le reconnaître, pour peu que nous soyons consciencieux et justes, que nous avons un immense intérêt à soutenir le gouvernement de la République : d'abord, parce qu'il est économique et qu'il assure la paix et l'ordre; ensuite, parce qu'il fera notre force et qu'il aura des imitateurs.

Tous les citoyens honnêtes qui ont compris ces vérités sont venus à lui. Tous les citoyens honnêtes qui les comprendront dans l'avenir lui apporteront, eux aussi, leur concours dévoué.

La République est donc, de par la volonté de la nation, bien définitivement établie.

ALEXANDRE CHEVALIER.

Cognac, le 15 Novembre 1876.